ZEP

titeuf 13

à la folie !

Glénat

Du même auteur :

Titeuf
Petite poésie des saisons

Le monde de zep

Les trucs de Titeuf :
Le guide du zizi sexuel
textes d'Hélène Bruller

Captain Biceps
T1 : l'invincible
T2 : le redoutable
T3 : l'invulnérable
T4 : l'inoxydable
T5 : l'intrépide
Comment dessiner ?
avec Tébo

Les Chronokids
T1 à T4
avec Stan & Vince
Éditions Glénat

Happy sex
Happy girls
Happy rock
Éditions Delcourt

Les minijusticiers
avec Hélène Bruller
Hachette Jeunesse

Découpé en tranches
Éditions du Seuil

Le portrait dessiné (catalogue d'exposition)
Éditions BDFil & le Mudac

Carnet intime
Éditions Gallimard

www.zeporama.com
www.tcho.fr
www.titeuf13.com

Tchô! la collec'...
Collection dirigée par J.C. CAMANO

COULEURS : LAURENCE ET BRUNO CHEVRIER

© 2012, Zep.
© 2012, Éditions Glénat pour la présente édition.
Couvent Sainte-Cécile – 37, rue Servan – 38000 Grenoble
Tous droits réservés pour tous pays.
ISBN : 978-2-7234-8522-7
Dépôt légal : Août 2012
Achevé d'imprimer en France en août 2012 par Pollina - L10800
sur papier provenant de forêts gérées de manière durable.

MUT MUT MUT MUT MUT

7:00

IL Y A DES MATINS COMME ÇA... OÙ TOUT EST BIZARRE...

ON A DU MAL À SE RÉVEILLER, ON SE TRAÎNE PÉNIBLEMENT JUSQU'À LA SALLE DE BAINS ET ON SE DIT...

GRATT GRATT

AAAH! C'EST QUOI CETTE TÊTE!??

C'EST QUOI CETTE VOIX??

AAAH!

AU VOLEUR!!

MAMAAAN!! 'FAUT APPELER LA POLICE!!

BONJOUR TITEUFETTE.

MAMAN... JE... HEU... QU'EST-CE QUI M'ARRIVE?

TU ES EN RETARD, COMME CHAQUE MATIN, MA CHÉRIE.

ASSIEDS-TOI ET VIENS BOIRE TON CHOCOLAT.

CHLRAP

"TITEUFETTE"?? NOOOOOOON!

C'EST IMPOSSIBLE.

ZIZI! LAISSE TA SOEUR TRANQUILLE!

AÏE

GA

DIS DONC, MADEMOISELLE, ON DIRAIT QUE C'EST TON PETIT FRÈRE QUI T'A COIFFÉE CE MATIN...

MON PETIT FR...?

GENTIL, ZIZI!

BRRRR

TAP TAP TAP TAP

WAAAAAA!

C'EST MALIN. TU L'AS VEXÉE...

RÔÔÔ... LES FILLES...

C'EST PÔ POSSIBLE !

...ET TOUT LE MONDE A L'AIR DE TROUVER ÇA NORMAL !

WAAAAA!

AAAAAAA

ALLEZ HOP ! ON SE PRÉPARE, MADEMOISELLE !

C'EST L'HEURE !

TAP TAP

C'EST PÔ UN MATIN BIZARRE... C'EST LE MATIN DE L'APOCALYPSE

TITEUFETTE !

DUMBO ?

JE T'ATTENDAIS, T'AS EU UNE PANNE D'OREILLER CE MATIN ?

HEIN ?

TU... TU VEUX DIRE QU'ON EST... ...COPINES ?

BIEN SÛR !

AUJOURD'HUI, C'EST LE COURS DE DANSE... ON VA TROP S'ÉCLATER !

T'AS PAS OUBLIÉ TON TUTU ?

CHAIS PÔ... J'AI DÉJÀ OUBLIÉ MON ZIZI.

TROP CHOU, TON CHANDAIL !

COMMENT ELLE SE LA PÈÈÈTE !

ROSE

VOUS AVEZ VU LA COUPE DE CLARA ?

ROSE

MIGNON

AU SECOOOURS...

HÉ ! MANU !!

TITEUFETTE ?

VIENS, ON VA SE PRÉPARER POUR LA DANSE

VDDDRRRRIIIIIIIINNNNNNN

PFFFF

HÉÉÉ! ÇA VEUT DIRE QUE JE VAIS ALLER DANS LE VESTIAIRE DES FILLES!!

BON... EN MÊME TEMPS, MAINTENANT QUE J'EN SUIS UNE... C'EST PLUS TROP INTÉRESSANT.

EN FAIT, LES FILLES....

SNUF

HÉ! LES NANAS!

HI HI OUARF HAHA

PROOT

...C'EST UN PEU DES GARÇONS.

VOUS ME FAITES UNE PETITE PLACE? JE VIENS ME CHANGER AVEC VOUS...

AH... NON!

NOOOON!

?

QU'EST-CE QU'IL Y A, TITEUFETTE?

4.

6

ON SE RÉVEILLE, PETITE MARMOTTE ?

ALLEZ, ZOU ! C'EST L'HEURE DES TARTINES !

GROMPF

GRMBRBLL... RÊVE DÉBILE ...

TI... TEUF...

TIENS! ÇA T'AMUSE TOUJOURS DE TIRER LES CHEVEUX, TOI ?

TIK

... JUSTICE EST FAITE.

TCHÔ TITEUF !

WOH... T'EN TIRES UNE TRONCHE CE MATIN !

NUIT DIFFICILE ...

HEU... TCHÔ NADIA !

J'AI... J'AI FAIT UN RÊVE... ET T'ÉTAIS DEDANS.

MOI AUSSI! T'ÉTAIS UNE CROTTE DE CHIEN.

HI! HI !

EXCELLENT.

TROP NULS, CES GARÇONS !

BIEN DIT.

BEN MON VIEUX... C'EST PAS TON JOUR.

PFÖÖ...

EN TOUT CAS, SE FAIRE AMPUTER DU ZIZI, ÇA REND PÔ AIMAB' !

'L'ÉTAIT PLUS COOL EN NADIO.

?

fin 2.

7

le cours de dessin

À QUOI ÇA SERT DE DESSINER CE TRUC ?

BEN... C'EST POUR APPRENDRE

TU CROIS VRAIMENT QUE LE DESSINATEUR DE CAPTAIN BICEPS A APPRIS À DESSINER DES POTS DE FLEURS ?

J'EN AI MARRE... C'EST TROP NUL !

J'AJOUTE DES LASERS !

T'ES FOU !

... ET PUIS AUSSI UN TURBO-RÉACTEUR

... EN FAIT, C'EST UN VAISSEAU ALIEN !

ET PZARK ! PLEIN DE SQUELETTES ! ... AVEC DU SANG !

... ET DES TRIPES !

PASSE-MOI DU ROUGE !

TIK TIK TIK

QU'EST-CE QUE C'EST QUE CETTE HORREUR ?!

OUPS

HEU... CE... C'EST MON... PAPA QUI TAPE MA MAMAN AVEC LE POT DE FLEURS...

BEN OUI... J'AI IMPROVISÉ ! ... MAIS C'ÉTAIT ÇA OU LE ZÉRO EN DESSIN !

PENSEZ À MA MOYENNE, QUOI !

Philippe Butscher
PSYCHOLOGUE

DIDÉ

le complot

CE MATIN, JE VOUS LAISSE AVEC MONSIEUR LECOQ QUI VA VOUS PARLER DE LA PRÉVENTION -

BONJOUR

LA PRÉVENTION, C'EST COMMENT ÉVITER LE DANGER

NOUS ALLONS ABORDER LA QUESTION DU HARCÈLEMENT SEXUEL.

PFF...

TROP TARD. ON EST DÉJÀ LÀ.

... VOTRE CORPS VOUS APPARTIENT. SI UN ADULTE VEUT VOUS TOUCHER, VOUS DEVEZ DIRE NON! ET APPELER AU SEC...

OUI?

HEU... M'SIEUR? QUAND L'INFIRMIÈRE NOUS FAIT LA PIQÛRE, ELLE NOUS HARCÈLE LE SEXUEL?

NON... HARCELER, C'EST VOUS FORCER À DES GESTES DÉSAGRÉABLES...

C'EST HYPER DÉSAGRÉABLE !!

HEU... DES GESTES DÉPLACÉS... DES GESTES D'ADULTE.

TU COMPRENDS?

COMME QUAND LA MAÎTRESSE A CHIFFONNÉ LE PORTRAIT D'ELLE QU'IL AVAIT DESSINÉ?!

OUAIS!

NON!

CE N'EST PAS SEXUEL!

BEN SI. ... SUR LE DESSIN, ELLE ÉTAIT EN SLIP.

IL FAUT QUE ÇA METTE MAL À L'AISE ...

HI HI

JE SAIS!

QUAND LE PROF DE TRAVAUX MANUELS A PÉTÉ!

OUAIS!

DÉGOÛTANT !

IL NOUS A HARCELÉS DU TROU DE BALLE SEXUEL !

TAISEZ-VOUS! HARCELER SEXUELLEMENT, C'EST CHERCHER À VOUS VOIR TOUT NUS OU À VOUS TOUCHER LE ZIZI !!

À MON AVIS, IL LES COUVRE.

C'EST CLAIR.

MOI, JE VAIS AUX TOILETTES ...

TU VAS TE HARCELER SEXUELLEMENT?

BEN...

S'IL FAUT ATTENDRE QUE LA MAÎTRESSE CONFISQUE NOS DESSINS ENTRE SES NICHONS POUR APPELER AU SECOURS...

... ON EST PAS EN SÉCURITÉ.

Z.

12

tata nature

COUCOU, CHÉRIE !

PATTI !

HEU... TU AS UN NOUVEAU PULL ...

100 % CRIN RECYCLÉ PEIGNÉ.

JE T'AI FAIT UN CAKE AU BOULGOUR.

PATTI, C'EST UNE COPINE À MAMAN. ELLE A TOUJOURS DES TRUCS EN COMPOST OU EN FIBRE DE FUMIER... POUR ELLE, LE CHOCOLAT C'EST DU POISON.

ÉMULSIFIANT, CONSERVATEUR, GLUTAMATE, E 122...

JE TE CONSEILLE DE JETER ÇA À LA POUBELLE ...

TOUT DE SUITE !

EN FAIT, PRESQUE TOUT EST DU POISON, SAUF LES TRUCS QU'ELLE FAIT.

TU SAIS CE QU'IL Y A DANS CE GÂTEAU, TITEUF ?

NON. MAIS SI TU POUVAIS ATTENDRE POUR LE DIRE...

TATA PATTI N'EST PAS VENUE LES MAINS VIDES... SURPRISES POUR LES ENFANTS !!

CA-DO ! CA-DO !

PÔV' ZIZIE... ELLE LA CONNAÎT PÔ ENCORE. À COUP SÛR, C'EST UN TRUC EN BOIS.

C'EST ENTIÈREMENT FAIT À LA MAIN PAR DES ARTISANS MALGACHES COMMUNAUTAIRES.

QU'EST-CE QUE JE DISAIS...?

ET POUR MOI ? UN JEU GAME BOY ? UN MÉGAWARRIOR ? NON.

HEU...

UNE BRIQUE ?

PÉTÉE ?

MIEUX ! UN PUZZLE CÉRAMIQUE EN 3D !

MEEERCI ...

AU MOINS, C'EST ÉDUCATIF.

AH ÇA ! C'EST PAS MOI QUI VAIS ACHETER CES SALOPERIES DE JEUX VIDÉO CAPITALO-GUERRIERS-AMÉRICAINS...

T'AS BIEN RAISON.

... EN PLUS, C'EST CONTAGIEUX !

LE JOUR OÙ ON SORT UNE PLAYSTATION EN BOIS, TATA PATTI ME L'ACHÈTE, C'EST SÛR !

-Z.

le cours de Secourisme

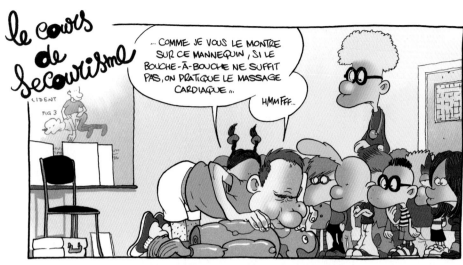

... COMME JE VOUS LE MONTRE SUR CE MANNEQUIN, SI LE BOUCHE-À-BOUCHE NE SUFFIT PAS, ON PRATIQUE LE MASSAGE CARDIAQUE...

HMMFFF...

DÉGUEULASSE ! IL LUI PELOTE LES NICHONS DEVANT TOUT LE MONDE !

JE SERAI JAMAIS SECOURISTE.

MONSIEUR !... ET SI ÇA MARCHE TOUJOURS PAS ?

ALORS ON TENTE LES ÉLECTROCHOCS POUR FAIRE REDÉ- MARRER LE COEUR.

PFFF

N'OUBLIEZ PAS LES SIMPLES GESTES QUE JE VOUS AI MONTRÉS. ILS PEUVENT SAUVER DES VIES.

OoOOooH

AAAAH

JE LE CROIS PÔ !! TOUS CES TYPES DANS LES FILMS, QUI APPUIENT SUR LES NÉNÉS DES FILLES EN LEUR ROULANT DES PELLES... C'ÉTAIENT DES SECOURISTES ?!

BEN OUAIS.

C'EST DINGUE !

NADIA, ELLE CROYAIT QUE J'ÉTAIS UN OBSÉDÉ DU BISOU...

...ET TOI, TU VOULAIS JUSTE LUI SAUVER LA VIE !

BEN OUI.

C'EST MOCHE.

NADIA !

NADIA !

JE VAIS TOUT T'EXPLIQUER !!

TU VAS COMPRENDRE... LAISSE UN... MOI TE FAIRE UN MASSAGE CARDIAQUE...

BLONK

BON. T'AS PÔ UNE PILE ?...

OUILLE !

... JE VAIS ESSAYER L'ÉLECTROCHOC.

indiana jones

UÊÊÊÊ!

C'EST QUOI, CE TRUC ?!

C'EST LE PALAIS EN PLASTIQUE DE JEAN-CLAUDE. IL L'EN-LÈVE QUAND ON A GYM.

TU VEUX DIRE QUE C'EST UN MORCEAU DE SA BOUCHE ?!!

BEN OUAIS. TU VEUX L'ESSAYER ?

BUÊÊÊÊÊ

T'AS LA TROUILLE ?

J'AI PÔ DU TOUT LA TROUILLE !!

SI ! T'ES UN TROUILLARD. C'EST POUR ÇA QUE NADIA, ELLE POURRA JAMAIS ÊTRE AMOU-REUSE DE TOI.

QUOI ?!

BEN OUI. CE QUI PLAÎT AUX FILLES, C'EST DES TYPES COMME INDIANA JONES... QUI SAUTENT DES AVIONS SANS PARACHUTE, QUI COMBATTENT DES CROCODILES...

AMÈNE-MOI UN CROCODILE !

MOI J'AI UN HAMSTER...

JE COMBATS LE HAMSTER DE VOMITO QUAND JE VEUX !!!

C'EST NUL. TOUT LE MONDE LE FAIT.

METTRE L'APPAREIL DE JEAN-CLAUDE, ÇA, ÇA TE FOUT LA TROUILLE !

J'AI PÔ DU TOUT LA TROUILLE !!!

DANS MA VIE J'EN AI BAVÉ... J'AI AFFRONTÉ DES APPAREILS DENTAIRES À MAINS NUES...

...SANS PARACHUTE OOOOH

IL A LA TROUILLE !

IL EST PAS CAP'...

IL VA PAS OSER...

JE LE FAIS !

CLAK ôÔ°ôôôôô

VE FUIS UN HÉROS !!

WAAAA !

?

PWS FORT QU'INDI !

JE SUIS AUSSI COURAGEUX QU'INDIANA JONES !

À MOI LES FILLES !!

TCHÔ, LES P'TITS ZIZIS !

...N'EMPÊCHE... C'EST UN PEU COMME SI INDIANA JONES AVAIT ROULÉ UN PALOT À JEAN-CLAUDE.

TAIS-TOI !

Z.

ma petite sœur chérie

la battle de bulles de nez

EN HIVER, LE TRUC BIEN, C'EST LE RHUME...

TU L'AS ?

OUAIS.

SNF

WAAA !

... ON PEUT FAIRE DES BATAILLES ...

TU ME DÉFFFIES ?

Z'EST QUAND TU VEUX !

BON... MORVAX, IL EST HORS CONCOURS, IL EST TROP FORT.

J'PEUX JOUER ?

NON !

LA PREMIÈRE ÉPREUVE, C'EST LA CHANDELLE. 'FAUT DESCENDRE LE PLUS PRÈS DU SOL ET REMONTER DANS LA NARINE. SANS CASSER LE FIL !

VAS-Y ! VAS-Y ! VAS-Y !

ALLEZ !

NOOON !

PLIC

MAIS LA PLUS TECHNIQUE, C'EST LA BATTLE DE BULLES.

PRÊT ?

PRÊT ?

... ON DOIT BIEN MAÎTRISER LA CONSISTANCE ...

JEAN-CLAUDE A L'AVANTAGE.

PFFF

PFFLL

NAN... TROP LIQUIDE.

... JUSQU'À L'EXPLOSION.

HMF.

PLETS

Wooooooooo

JEAN-CLAUDE VAINQUEUR !

YES !!

TAPE !

HEU ...

PFFF... J'AI RIEN EU LE TEMPS DE FAIRE... IL EST TROP RAPIDE, JE PARIE QU'IL SE DOPE !

'FAUDRAIT DEMANDER UNE ANALYSE DE MORVE !

GNFR

REVANCHE DEMAIN !

LE PROBLÈME EN HIVER, C'EST QU'IL Y A LA VITAMINE C.

J'SUIS GUÉRI.

FORFAIT !

Z.

l'ordonnance de la honte

BONJOUR, JE VOUDRAIS DU ... REC... RE... HEU...

DONNE-MOI TON PAPIER.

RECTALIX ! CE SONT DES SUPPOSITOIRES ...

OUI, BON... PÔ LA PEINE DE CRIER.

JE VAIS TE CHERCHER ÇA !

...ET VOILÀ TA BOÎTE DE SUPPOSITOIRES !

À SE METTRE DEUX FOIS PAR JOUR.

MERCI.

SALUT TITEUF! T'ACHÈTES DES SUPPOSITOIRES ? T'ES MALADE ?

HEIN ?

PÔ DU TOUT... PÔ DU TOUT ! C'EST... DES... DES... BONBONS POUR... LA TOUX !

...Y'A PAS DE HONTE À PRENDRE DES SUPPOSITOIRES.

J'TE DIS QUE C'EST DES BONBONS !!

QU'EST-CE QU'IL Y A ?

TITEUF A ACHETÉ DES SUPPOSITOIRES.

C'EST PÔ DES SUPPOSITOIRES !!!

...D'AILLEURS, J'EN PRENDS UN !

MMMM ... ILS CHONT HYPER BONS...

T'EN VEUX ?

BON, ALLEZ... JE DOIS RENTRER...

TCHÔ BURP !

MACH MACH

TU AS VRAIMENT MANGÉ UN SUPPOSITOIRE ??

ÇA VAUT MIEUX QUE S'ENFILER UN BONBON POUR LA TOUX DANS LE TROU DE BALLE !

PTEURK

- Z -

la nouvelle

TIENS ?
IL SE PASSE
UN TRUC ...

ENCORE
MARCO QUI A
UN BOUTON ...
... OU UN
POIL DE SLIP.

Y'A UNE
NOUVELLE !

WOOO !
ELLE EST HYPER
GRANDE !!

ELLE VIENT DU BROUGALISTAN
... OU UN TRUC COMME ÇA ...
'PARAÎT QUE LES SOLDATS
ONT MASSACRÉ TOUTE
SA FAMILLE ...
... ET
ELLE A PU
S'ÉCHAPPER.

WAK !

ELLE
DOIT ÊTRE
HYPERFORTE
À TOTAL
ESCAPE
SUR PS !!

TU VAS VOIR ...
NOTRE MAÎTRESSE,
ELLE EST PIRE QUE
LES SOLDATS !

TE
FATIGUE
PAS, ELLE
PARLE PAS
FRANÇAIS.

TU MIGNON
CHEVEUX.

DIS DONC,
TU LUI PLAIS
!!!

PFFF...

...PÔ
DU TOUT.

ELLE TE
SOURIT !!

C'EST RIEN.
DANS SON PAYS,
ON SOURIT COMME
ON RESPIRE
...

MOUAIS.

MON HÉROS
AUX MIGNONS
CHEVEUX
...

COURS DE LANGUE

QU'EST-CE QUE T'AS ?

...

TU VIENS PAS JOUER AU FOOT ?

PÔ ENVIE...

C'EST RAMATOU, LA NOUVELLE... JE PENSE À ELLE TOUT LE TEMPS...

T'ES AMOUREUX !!

PÔ DU TOUT ! JE PENSE À ELLE... C'EST TOUT !

OH, ÇA VA...

Y'A PAS DE HONTE.

POURQUOI TU VAS PAS LUI PARLER ?

J'SAIS PÔ QUOI LUI DIRE...

... ET EN PLUS, ELLE COMPREND RIEN.

HUM

ET SI TU LUI PARLAIS AVEC DES GESTES ?

HEU...

... PÔ BÊTE.

QU'EST-CE QUE TU VOUDRAIS LUI DIRE ?

BEN... JE VOUDRAIS L'INVITER À MANGER UNE GLACE...

... OU À VENIR JOUER À LA PLAY CHEZ MOI.

SI TU LUI MIMES, JE SUIS SÛR QU'ELLE COMPRENDRA...

LA MAÎTRESSE A DIT QU'ELLE APPRENAIT TRÈS VITE !

OK !

HEU... RAMATOU... ÇA TE DIRAIT DE MANGER UNE GLACE AVEC MOI ?

B'WÊLÊLÊ

... OU DE VENIR CHEZ MOI ?

ELLE FAIT DE GROS PROGRÈS...

... ELLE PARLE DÉJÀ COMME NADIA !

WAAA !

TROP FORT !

Z.

ramatou

SALUT, JOULIE MÈCHE.

PFFRRT

ALORS "JOLIE MÈCHE", ON SE FAIT DRAGUER ?

T'AS L'AIR DE PLAIRE À RAMATOU !

HI ! HI !

'Z'ÊTES CONS.

"JOLIE MÈCHE"!

TU JOUES BASKET, TITEUF ?

NON. MERCI.

TAP TAP

ALLEEEEZ !

NON. J'AI PÔ ENVIE DE JOUER AU BASKET !

FAIS PAS TON TIMIDE !

J'M'EN FICHE DE CETTE FILLE, LÂCHEZ-MOI LE SLIP !!

...EN PLUS, ELLE PARLE MÊME PÔ JUSTE LE FRANÇAIS !

PFFF..

POUR UNE FOIS QU'IL Y EN A UNE QUI EST AMOUREUSE DE TOI...

T'ÉS NUL.

"POUR UNE FOIS"?! MAIS J'EN REFUSE PAR DOUZAINES, DES AMOUREUSES, MOI !!

HI HI HI !

J'AI DÉJÀ ASSEZ À FAIRE AVEC L'ÉCOLE !

OUAF

C'EST SÛR !

HI HI

JE VOUS LAISSE. VOUS ÊTES TROP NULS !

C'EST ÇA.

EMBRASSE-LA DE NOTRE PART !

bluk bluk

crouilllll

HEU... LES MECS ?

...Y'A UN OU DEUX "T" DANS "RAMATOU" ?

Ramat

Z.

27

chute de dictateurs

LE DICTATEUR HOULA MASSEIN A ÉTÉ RENVERSÉ CET APRÈS-MIDI PAR LES FORCES REBELLES DÉMOCRATIQUES DE LA LIBÉRATION...

C'EST PAS TROP TÔT !

C'EST OFFICIEL : LE TYRAN MILITAIRE OMAR BEN KROUTON A ÉTÉ ABATTU PAR LES MILICES DE L'OPPOSITION...

MANGE TA SOUPE !

ANGEL BOGOS III, DICTATEUR DEPUIS 23 ANS, A ÉTÉ LIVRÉ AUJOURD'HUI À LA JUSTICE INTERNATIONALE, IL SERA JUGÉ POUR CRIME...

VA T'HABILLER... SLRP !

C'EST LE 3E CHEF D'ÉTAT À ÊTRE RENVERSÉ EN 10...

C'EST QUOI UN DICTATEUR ?

QUELQU'UN QUI OPPRESSE SON PEUPLE...

... ET QUI RÈGNE PAR LA TERREUR.

C'EST SURTOUT QUELQU'UN QUI PUNIT TOUS CEUX QUI NE SONT PAS D'ACCORD AVEC LUI...

AH ?

T'AS VU ? HIER, Y'A ENCORE UN DICTATEUR QUI A ÉTÉ RENVERSÉ !

OUAIS... PENDANT LE DESSERT, EN PLUS !

LUSH !

À VOTRE PLACE, JE FERAIS QUAND MÊME GAFFE...

?

34

les règles du jeu

PFFF... J'Y COMPRENDS RIEN À CES COURS D'ÉDUCATION SEXUELLE.

'PARAÎT QUE C'EST IMPORTANT D'EN PARLER.

BEN,... J'ESPÈRE QU'ON AURA PAS D'INTERRO DESSUS.

MOI, QUAND MA SOEUR A EU SES RÈGLES, ON EN A PARLÉ À LA MAISON.

BEN OUAIS.

TU DIS "BEN OUAIS" ...MAIS TU SAIS MÊME PAS CE QUE C'EST.

HEU ... SI, EN GROS ...

LES RÈGLES, C'EST TOUS LES MOIS, QUAND LES FILLES, ELLES PERDENT UN OVULE.

C'EST PÔ DE CHANCE.

ELLES AVAIENT QU'À MIEUX RANGER LEURS AFFAIRES, AUSSI...

L'OVULE, IL EST DANS LE VENTRE, LES NULS! C'EST LE TRUC QUI FAIT POUSSER LES BÉBÉS.

OUAIS. JE CONNAIS.

MA MÈRE EN A PLEIN!

"...ET SI Y'A PAS DE BÉBÉ, L'OVULE RESSORT... AVEC PLEIN DE SANG!

WEURK

BÉÉÉÉ!

ZZZZ

MAIS POURQUOI "PLEIN DE SANG" ?!

J'EN SAIS RIEN. C'EST LES RÈGLES. C'EST COMME SAIGNER DU NEZ, MAIS PAR LE ZIZI.

C'EST NUL COMME RÈGLE!

C'EST HORRIBLE!

OUAIS!

POUR FINIR, JE CROIS QUE JE PRÉFÉRAIS QUAND ON PARLAIT PÔ DE SEXUALITÉ...

MOI AUSSI.

AU FAIT, C'EST PAS AUJOURD'HUI, TON RENDEZ-VOUS AVEC RAMATOU?

SI.

TIENS-TOI PRÊT QUAND MÊME... AU CAS OÙ LE SANG GICLE PARTOUT.

GLP.

ALORS? NOUS ALLER OÙ?

Y'A UN JOLI BANC, LÀ-BAS... ...DEVANT LA PHARMACIE.

PHARMACIE.

PHARMACIE

HUM.

ON MARCHE UN PEU ?

HEU... BEN...

SI TU VEUX.

T'AS RAISON, C'EST BIEN, LA MARCHE ...

C'EST PLUS... ... HEU...

OUI.

SINON, ON SAIT PÔ TROP QUOI FAIRE ...

J'AI ARRIVÉ CHEZ MOI. ...À DEMAIN, TITEUF !

À D... DEMAIN, RAMATOU.

MERCI POUR PROMENADE ...

MAIS T'AS VRAIMENT MARCHÉ DANS LE CIEL !?? JURÉ.

les recycleurs

les cailloux

RAMATOU..?

MH ?

C'EST VRAI QUE TA FAMILLE A ÉTÉ ... HEU... MASSACRÉE ?

MON PÈRE ... MA TANTE ET MON PETIT FRÈRE ONT ÉTÉ TUÉS ...

GLP.

C'ÉTAIT LA GUERRE ? AVEC DES BOMBES ET TOUT ?...

NON ... JUSTE LES SOLDATS ... EUX VENIR ET TIRER SUR TOUT LE MONDE ...

... AVEC MA MÈRE ET MA SOEUR, ON A PU FUIR.

APRÈS, ILS ONT MIS LE FEU AU VILLAGE.

IL NE RESTE PLUS RIEN.

SNUF

MÊME PAS UNE PHOTO ... MÊME PAS UNE TOMBE.

RIEN.

SNRF

SNF

ON POURRAIT DIRE QUE CE CAILLOU, C'EST LA TOMBE DE TON PAPA ... CELUI-LÀ, CELLE DE TA TATA ...

— ET L'AUTRE, TON PETIT FRÈRE.

?

SNF... MERCI TITEUF,...

... COMME ÇA, JE POURRAI VENIR LEUR PARLER ...

SNF

T'ES SÛR QUE PERSONNE VA ENLEVER NOS CAILLOUX ?

J'AI DÉJÀ ENTERRÉ QUELQUES INTERROS DE MATHS DANS LE COIN ...

... ET ELLES REPOSENT EN PAIX.

2.

d'abord y'a des soldats qui arrivent en jeep et ils tirent sur les gens. Juste pour s'amuser.

Après, ils mettent le feu au village de Ramatou. Alors elle s'enfuit dans la jungle avec les survivants.

ensuite elle traverse le désert avec sa maman et sa soeur parce que tous les autres de sa famille ont été tués.

elles arrivent à la frontière et on les met dans un camp avec des grillages.

elles attendent un an dans le camp. Avec pas le droit de sortir et pas d'eau courante, pas de toilettes et presque rien à manger.

heureusement, elle a un cousin qui la fait sortir pour aller dans un nouveau pays.

...est-elle enfin hors de danger?

... eh ben non. Parce qu'elle arrive dans notre école et mardi, y'a le test de piscine!

Alors ayez du coeur, monsieur le directeur. Pour Ramatou qui a déjà tant souffert, annulez ce test ~~humanitaire~~ ~~inutile~~ inhumain.

Zéro de graffiti

RÉFUGIÉS = PROFITEURS

ÇA VEUT DIRE QUOI, "PROFITEURS" ?

HEU...

JE CROIS QUE C'EST UNE PÂTISSERIE... EN FORME DE BOULE AVEC DE LA CRÈME AU CHOCOLAT DEDANS !

...OU À LA VANILLE !

C'EST VACHEMENT BON !

PFFF

PAS DU TOUT, BANDE DE DÉBILES ! ÇA, C'EST DES PROFITEROLES !!

"PROFITEURS", ÇA VEUT DIRE... HEU...

OUAIS ? BEN VAS-Y !...

MONSIEUR JE-SAIS-TOUT.

ÇA VEUT DIRE "QUI VIENNENT DANS NOTRE PAYS POUR VIVRE COOL, SANS RIEN FAIRE"...

WAAA !

"SANS RIEN FAIRE" ?? ÇA VEUT DIRE QUE J'AI PAS BESOIN DE FAIRE LE TEST DE PISCINE, MARDI PROCHAIN ??

AAH BEN NON.

T'ES OBLIGÉE...

ÇA VEUT PÔ DIRE ÇA !

NON... JE SAIS !! "PROFITEURS", C'EST CEUX QUI VIENNENT CHEZ NOUS POUR GAGNER PLUS !!

ÇA PEUT PAS ÊTRE ÇA... MOI, J'AI TOUT PERDU EN QUITTANT MON PAYS...

...MA MAISON, MA FAMILLE, MES AMIS...

BON,... ALORS C'EST PÔ ÇA NON PLUS...

ON COMPREND RIEN.

SI ÇA SE TROUVE, LE TYPE S'EST TROMPÉ ?

OUAIS.

SÛREMENT.

RÉFUGIÉS = PROFITEURS roles

40

le mystérieux monsieur Zitman

MONSIEUR ZITMAN, C'EST LE PROF DES GRANDS ...

... IL A DES POILS DANS LES OREILLES ...

SLRP

... ET AUSSI DANS LES TROUS DE NEZ ...

TU VEUX QUELQUE CHOSE, TITEUF ?

... UN PEU COMME S'IL ÉTAIT REMPLI DE POILS À L'INTÉRIEUR !

BOUARK !

... OU ALORS IL EST EMPAILLÉ !! ... COMME LE LÉOPARD DU MUSÉE !

TU VEUX DIRE QUE C'EST PLUS QU'UNE PEAU DE MONSIEUR ZITMAN REMPLIE DE PAILLE !??

UN ... UN ZOMBIE !!

'FALLAIT EN AVOIR LE CŒUR NET.

WOOOUAAÏE

TIIK

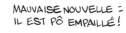

MAUVAISE NOUVELLE = IL EST PÔ EMPAILLÉ !

42

alter
cassoulet

PROÔÔA

PRRT

PROOUT

PAN

INTOXICATION AU CASSOULET.

43

le roi du monopoly

LE PARRAIN À FRANÇOIS, IL EST HYPER RICHE...

WAAA !

SALUT LES CHAMPIONS !

VROOP VROOP

IL A UN APPARTEMENT GÉANT REMPLI D'ORDINATEURS ET DE TRUCS CHERS.

IL A LA DERNIÈRE PLAYSTÈCHE !!!

16:41 9:41

SON MÉTIER, C'EST DE TÉLÉPHONER AVEC D'AUTRES MONSIEURS QUI ONT PLEIN D'OR-DINATEURS COMME LUI...

NO !

OUI.

YES

ATTENDEZ ENCORE

ON LAISSE MONTER JUSQU'À 60.

ENCORE...

REGARDEZ... SUR L'ÉCRAN, C'EST LA VALEUR DES ACTIONS ... ELLES MONTENT, ELLES MONTENT ET QUAND ELLES ARRIVENT LÀ... JE VENDS !

ET HOP ! 300 PATATES DE BONUS !!

ON COMPREND PAS TRÈS BIEN... MAIS QUAND IL GAGNE, IL EST CONTENT.

YES !

YES !

HAHA !

ON LES A NIQUÉS !

LIQUIDÉS !

IL DIT QUE C'EST UN PEU COMME UNE PARTIE DE MONOPOLY...

POUR GAGNER, 'FAUT ÊTRE UN TUEUR !

WAAA !

NOUS AUSSI, ON JOUE AU MONOPOLY... MAIS JUSTE POUR JOUER, PÔ EN PROFESSIONNELS.

YES ! TU ME DOIS 30 000 BALLES !

OH NOOON !

CHUIS UN TUEUR !

QUAND ON A FINI, ON RANGE LES PIONS...

LE PARRAIN À FRANÇOIS, NON.

600 TRAVAILLEURS JETÉS DEHORS

LIQUIDÉS comme des PIONS !

NON

NON aux LICENCIEMENTS BOURSIERS

titeufosaurus rex

SILENCE.

IL EST MORT DEPUIS 65 MILLIONS D'ANNÉES ! C'EST PÔ EN RIGOLANT UN PEU QU'ON VA LE RÉVEILLER...

OUAIS !

...SAURUS REX 65 MILLIONS D'ANNÉES

SI ÇA SE TROUVE, NOUS AUSSI, UN JOUR ON AURA DISPARU.

TU CROIS QUE LES ESPÈCES DU FUTUR VIENDRONT NOUS VOIR AU MUSÉE ?

SÛREMENT !

ILS SERONT PÔ TROP SURPRIS AVEC LA MAÎTRESSE = ELLE RESSEMBLE DÉJÀ À UN DINOSAURE !

OUAF !

ET LUI !

QU'EFF QUI VOUS FAIT RIRE ?

FTUPIDES !

PÔV' DU FUTUR !

METALUS MÂCHOIREX

S'IL Y A UNE ESPÈCE À L'INTELLIGENCE SUPÉRIEURE, ÇA M'ÉTONNERAIT QU'ELLE VIENNE ADMIRER VOS SQUELETTES TOUT POURRIS...

PFFF

ON A PLUS DE CHANCES QUE TOI D'ÊTRE AU MUSÉE ! ...JE TE SIGNALE QU'IL N'Y A AUCUNE T-REXETTE !

ET TOC !

TU CROIS QU'ON AURA AUSSI UNE BOUTIQUE DE SOUVENIRS ?

C'EST SÛR ! ON SERA DES STARS !

SHOP

ALORS LES GARÇONS, C'EST FASCINANT, L'ÉVOLUTION, MH ?

OUAIS.

PUZZLE 1000
PUZZLE 1000
PUZZLE 1000

EN MÊME TEMPS, SI C'EST POUR SE RETROUVER AVEC UN MOBILE DU SQUELETTE DE JEAN-CLAUDE DANS SA CHAMBRE... ...PAS SÛR QUE ÇA VAILLE LE COUP.

BIEN DIT.

le shampooing au yaourt

HÉ! TITEUF! 'FALLAIT MANVER DE LA FOUPE!!

HA! HA! TU VEUX UN TABOURET?

?

OUAF

NULS DU SLIP!

BOUGE PAS, RAMATOU... JE REVIENS!

ALORS? C'EST COMMENT?

BEN... C'EST UN SLOW, QUOI!

LE TRUC BIZARRE, C'EST QUE J'AI SES NICHONS SUR LA TÊTE...

WAAA!...ÇA FAIT MAL?

NON, ÇA FAIT PLUTÔT COMME DES PETITES BOMBES À EAU...

TU CROIS QUE ÇA PEUT ÉCLATER?!... ET T'AS PLEIN DE LAIT SUR LA TÊTE?

QU'EST-CE QUE TU RACONTES?? C'EST IMPOSSIBLE!!

AH OUAIS? ...ALORS POURQUOI LES FILLES, ELLES METTENT DES PROTECTIONS AUTOUR?

MH?

TU FAIS COMME TU VEUX, MAIS TU RISQUES DE TE PAYER UN SHAMPOOING AU LAIT...

... OU AU YAOURT SI TU LA SECOUES TROP!

C'EST TOI QUI VOIS.

EXCUSE-MOI...

JE SUIS ALLÉ METTRE MON SUPER BONNET DE DANSE.

...ÇA, COUTUME DE MON PAYS.

?

47

Retrouve-moi
dans

 ... à la folie !